Anita

Mon Laperlimpinpin

Maman Lapin vient d'avoir un petit.
Elle l'a baptisé Pimpin.
C'est tout le portrait de sa mère, en plus petit.

Il a de longues oreilles,
un nez qui remue tout le temps
et de très grands pieds.
Sa maman l'appelle avec tendresse
« mon Laperlimpimpin ».

Elle lui apprend tout ce qu'un lapin doit savoir :

comment courir et sauter,

creuser des galeries,

frapper le sol avec le pied.

Parfois, Pimpin joue avec ses meilleurs amis, Cannetille et Missouris.
Ils font des parties interminables de cache-caneton, de sauve-souris et de saute-lapin.

On les entend chanter à tue-tête :
Nous sommes des petits amours,
Saute par-ci, saute par-là,
Nous sommes doux comme le velours,
Youpi, youpela !

Si par malheur un jeu finit dans les larmes,
comme il arrive parfois,
Maman Lapin sait les consoler.

« Ne pleurez pas, mes petits amours », leur dit-elle.
« Je suis là, à vos côtés. »

Un jour, Pimpin s'est perdu.
Comment une telle chose a-t-elle pu se produire ?
L'un de leurs jeux a-t-il mal tourné ?
Pimpin est-il allé gambader plus loin ?

Nul ne le sait.
Toujours est-il que notre Pimpin,
lui, ne retrouvait plus son chemin.

Plus il cherchait sa maman
et ses amis, plus il s'égarait.
En vérité, il était bel et bien perdu.

Il se mit à pleurer:
« Maman, Maman!
Je veux ma maman!
Maman, Maman!
Je veux ma maman! »

« Mon Laperlimpimpin ! »
Tiens ! Pimpin dressa l'oreille.
« Mon Laperlimpimpin ! »
« Mon Laperlimpimpin ! »

«Mon Laperlimpimpin!»

«Maman!»

Maman Lapin prit Pimpin dans ses bras
et le serra fort contre son cœur.
Elle caressa ses longues oreilles,
frotta son nez contre le sien
et déposa un baiser sur ses grands pieds.
Alors Pimpin sentit une douce chaleur
envahir ses oreilles, son nez et ses pieds.

« Je t'aime, Maman », murmura-t-il.
« Moi aussi, je t'aime,
mon Laperlimpimpin », répondit-elle.
« Et je vous aime aussi,
Cannetille et Missouris. »

Sur le chemin de la maison,
Cannetille et Missouris entonnèrent
leur chanson favorite :

Nous sommes des petits amours,
Saute par-ci, saute par-là,
Nous sommes doux comme le velours,
Youpi, youpela !

Alors Pimpin se sentit
le plus heureux des lapins.